SCM
Stiftung Christliche Medien

Gesamtgestaltung: Dietmar Reichert, Dormagen
Bilder: Fotolia, Dietmar Reichert
Druck: dimograf, Polen
ISBN 978-3-7893-9412-6
Bestell-Nr. 629.412

UDO HAHN

Wie die Lilien auf dem Feld

Das Leben leicht nehmen – weil Gott uns trägt

SCM Collection

Das Leben leicht nehmen –

weil Gott uns trägt

Ich wünsche dir,
dass du deinen Weg fröhlich gehst,
dass du ein Ziel vor Augen hast,
dass du in den Stürmen des Lebens gelassen bleibst,
dass deine Mühe nie vergeblich ist,
dass deine Begabungen sich entfalten können,
dass dir die Kräfte zuwachsen, die du brauchst,
dass du mit Niederlagen umgehen kannst,
dass du in Stunden der Verzweiflung nicht allein bleibst,
dass du den Sinn deines Lebens entdeckst,
dass du ein glücklicher Mensch bist,
dass du das Leben leicht nimmst –
weil Gott dich trägt.

Was für ein Glücksgefühl:
Am Morgen erwachen.
Atem holen.
Leben können.
Sich freuen.
Pläne machen.
Den Tag genießen.
Glück ist wie ein Geschenk.
Frag nicht:
Woher kommt es?
Habe ich es verdient?
Gibt es noch mehr?
Nimm es einfach dankbar an.

Wenn du am Morgen erwachst,
dann freu dich auf das, was kommt.
Denk nicht an die Last,
denn sonst verlierst du den Tag.
Und legst dich am Abend nieder,
verzweifelt über das, was war.
Ein Tag ist zu kurz –
wenn du dich treiben lässt,
wenn du nur lebst, um zu arbeiten,
wenn du zu viele Ansprüche hast.
Ein Tag ist lang genug –
wenn du eins nach dem anderen erledigst,
wenn du arbeitest, um zu leben,
wenn du dich begnügen kannst.

Wie die Lilien auf dem Felde

Darum sage ich euch: Sorgt nicht um euer Leben, was ihr essen und trinken werdet; auch nicht um euren Leib, was ihr anziehen werdet. Ist nicht das Leben mehr als die Nahrung und der Leib mehr als die Kleidung? Seht die Vögel unter dem Himmel an: sie säen nicht, sie ernten nicht, sie sammeln nicht in die Scheunen; und euer himmlischer Vater ernährt sie doch. Seid ihr denn nicht viel mehr als sie? Wer ist unter euch, der seines Lebens Länge eine Spanne zusetzen könnte, wie sehr er sich auch darum sorgt? Und warum sorgt ihr euch um die Kleidung? Schaut die Lilien auf dem Feld an, wie sie wachsen: sie arbeiten nicht, auch spinnen sie nicht. Ich sage euch, dass auch Salomo in aller seiner Herrlichkeit nicht gekleidet gewesen ist wie eine von ihnen. Wenn nun Gott das Gras auf dem Feld so kleidet, das doch heute steht und morgen in den Ofen geworfen wird: sollte er das nicht viel mehr für euch tun, ihr Kleingläubigen? Darum sollt ihr nicht sorgen und sagen: Was werden wir essen? Was werden wir trinken? Womit werden wir uns kleiden? Nach dem allen trachten die Heiden. Denn euer himmlischer Vater weiß, dass ihr all dessen bedürft. Trachtet zuerst nach dem Reich Gottes und nach seiner Gerechtigkeit, so wird euch das alles zufallen. Darum sorgt nicht für morgen, denn der morgige Tag wird für das Seine sorgen. Es ist genug, dass jeder Tag seine eigene Plage hat.

Matthäus 6,25-34

Was Jesus hier formuliert, ist Provokation pur. Macht euch keine Sorgen! Macht es wie die Lilien auf dem Feld! Wenn das mal so einfach wäre.

Wie soll man bloß mit so einem Text umgehen?

Vielleicht so: Der Text ist blauäugig. Schließlich macht sich doch jeder Mensch Sorgen. Und es gibt doch auch zahlreiche Anlässe, sich Sorgen zu machen. Alles andere wäre doch gänzlich weltfremd.

Oder so: Menschlich gesehen ist es zwar nicht möglich, sich nicht zu sorgen, aber es ist ein göttliches Gebot, nach dem ein Christ handeln muss. Also: gegen unser Sorgen ankämpfen, auf Vorsorge verzichten.

Oder so? Ich erkenne an, dass ein Text, der nachdenklich machen soll, nach einem Schwarz-Weiß-Muster gestrickt sein darf.

Aber der biblische Text macht durchaus feine Unterschiede. Der eine: Vögel und Blumen begegnen uns als Sinnbild der Sorglosigkeit. Ich soll mir an ihnen ein Vorbild nehmen. Bei genauerem Hinsehen stimmt das aber nur bedingt. Vögel bauen Nester, sammeln Vorrat. Und auch bei Blumen gibt es Vorsorge, denn sie bilden Zwiebeln aus. Ich beginne zu verstehen: Diese Vorsorge, dieser Instinkt gehen nicht über ein unvernünftiges Maß hinaus. Die Alternative scheint demnach nicht zu sein: immer nur vorzusorgen oder sorg-

los zu leben. Sondern: Es gibt ein sinnvolles und natürliches Maß – und eben auch ein übertriebenes Maß, das mich von Sorgen zerfurcht durchs Leben gehen lässt. Abgelehnt wird das übertriebene Sorgen. Das deutet Jesus selbst bereits an, wenn er darauf hinweist, dass das Leben mehr ist als Nahrung und der Leib mehr als die Kleidung.

Die andere Unterscheidung betrifft den Menschen: Es gibt Zeitgenossen, die einfach in den Tag hinein leben. Andere hingegen werden von einer übertriebenen Sorge geplagt. Der griechische Dichter Nikos Katzantzakis hat seine Erfahrungen so beschrieben: „Die Seele ist wie eine Löwin, die Sorgen sind ihre Läuse." Die Welt ist kein Paradies, kein Haus Sorgenfrei. Es scheint aber auf das rechte Maß anzukommen. Denn wer will denn ernsthaft Eltern dafür kritisieren, dass sie für ihr Kind sorgen? Oder Landwirte, die ökologisch langfristig denken? Oder Menschen, die für ihr Leben im Alter etwas zurücklegen? Der Mensch ist ein Wesen, das sich sorgt. Er kann gar nicht anders leben. Sorgen haben jedoch die Tendenz, sich auszubreiten, Macht auszuüben, uns zu bestimmen. Die Sorge juckt überall auf dem Fell – wenn ich gottvergessen lebe.

Was aber ist der Maßstab für richtiges und falsches Sorgen? Oder: Woran kann ich den Unterschied erkennen?

Ich sehe drei Anregungen. Die eine: Jesus unterscheidet zwischen Wesentlichem und Unwesentlichem, dem Leib und der Kleidung, zwischen Leben und Nahrung. Es gibt Äußerlichkeiten und innere Werte, die mich immer wieder infrage stellen. Bei mir selbst stelle ich fest, dass ich vieles ganz schrecklich wichtig nehme, was es bei näherem Hinsehen dann aber doch nicht ist. Diesem verkniffenen Sorgen muss man den Boden entziehen.

Die zweite Anregung: Jesus sagt, dass sich die Heiden Sorgen machen, die Kleingläubigen. Die Christen hingegen nicht. Was bin ich: Heide oder Christ? Der Maßstab kann nur der Glaube sein. Er will Zuversicht, Gelassenheit, Gottvertrauen bewirken.

Schließlich: Das Entscheidende im Leben fällt mir zu. Und niemand kann seinem Leben eine Spanne hinzufügen. Sorgen wollen etwas erzwingen. Dabei ist das Wichtige oft nicht das direkte Ergebnis meiner noch so großen Anstrengungen, sondern fällt mir zu, ist Zu-fall.

Eine Alltagserfahrung kann das nochmals veranschaulichen: Ich suche ein Buch im Regal. Ich kann mich noch so sehr anstrengen – ich finde es nicht. Weil ich verkrampft bin. Und dann entdecke ich es – zufällig – doch im Regal. Das ist die Sorglosigkeit, von der Jesus spricht.

Kommt her zu mir, alle, die ihr mühselig und beladen seid; ich will euch erquicken.

Matthäus 11,28

Ein sorgenfreies und unbeschwertes Leben – wer möchte das nicht führen? Doch dieses Ideal ist nur auf Augenblicke unseres Daseins beschränkt – auf Momente großer Glücksgefühle. Das heißt nicht, dass wir ansonsten wie Packesel mit schweren Lasten beladen durchs Leben ziehen. Aber die kleineren und größeren Pakete, die jeder mit sich herumträgt, setzen einem mächtig zu. Mühselig und beladen – ein Gefühl, das jedem Menschen vertraut ist: die zerbrochene Ehe, der Tod eines Freundes, die misslungene Prüfung, der Verlust des Arbeitsplatzes, eine quälende Krankheit.

Wer leidet, hat in Jesus einen Ansprechpartner. Er darf, ja er soll sich zu ihm auf den Weg machen. Und oft liegt der Schlüssel zur Lösung eines Problems bereits darin, aus dem Gewohnten, allzu Vertrauten aufzubrechen. Wer aufbricht, sucht nach neuer Orientierung. Jeder und jede darf sich an Jesus wenden, zu ihm kommen. Alle dürfen sich angesprochen fühlen. Da ist keiner, dessen Problem als gering erachtet würde. Keiner, der von diesem Jesus nicht auch etwas für sich erwarten dürfte. Keiner, den er abweisen würde.

Was wir uns wünschen: Lasten abwerfen zu können, sie ein für alle Mal loszuwerden. Was Jesus uns anbietet, ist jedoch nicht, dass er alles auf sich nimmt. Es heißt nicht: Leg alles bei mir nieder, ich trage das für dich. Er will, dass wir bei ihm ausruhen, zur Besinnung kommen, neue Kraft tanken, zumindest so viel, dass wir gestärkt weiterziehen können.

Ein Leben ohne Sorgen – das ist wohl eine Illusion, ein unerfüllbarer Traum. Was aber möglich ist: so stark zu werden und zu sein, dass ich unter den mir auferlegten Lasten nicht zusammenbreche. Es gibt keine Not und kein Leiden, das Jesus unbekannt wäre. Deshalb dürfen wir von ihm mindestens das eine erwarten: dass ich bei ihm zu neuen Kräften komme, wenn ich schwach werde.

Folge deinen Träumen.
Trotz aller Unsicherheit.
Trotz aller Bedenken.
Trotz aller Gefahren.
Trotz aller Probleme.
Trotz aller Sorgen.
Folge deinen Träumen
und werde, was in dir angelegt ist.
Bei allem bleibe offen –
für Begegnungen.
Bleibe neugierig –
auf Unerwartetes.
Bleibe erwartungsvoll –
dass dir etwas geschenkt wird,
was du nicht für möglich gehalten hättest.

Ich wünsche dir
ein weises Herz,
dass du stets weißt, was du tun solltest,
ein tapferes Herz,
dass du Schicksalsschläge aushältst,
ein fröhliches Herz,
dass du gelassen, heiter und zuversichtlich lebst,
ein mitfühlendes Herz,
dass du erkennst, wo du gebraucht wirst,
ein getröstetes Herz,
dass sich nicht Verzweiflung bei dir einnistet.
Ich wünsche dir
ein offenes Herz für andere Menschen –
und für Gott.

Auf die Perspektive kommt es an:
Wer nichts Gutes vom Leben erwartet,
der wird Enttäuschungen sammeln.
Die Angst vor Niederlagen wächst.
Auch die Sorge um das, was werden wird.
Die Verzweiflung schlägt Wurzeln.
Mobilisiere die Kräfte der Zuversicht.
Gedenke des Guten,
das dir in deinem Leben widerfahren ist –
unverdient,
ohne eigenes Zutun
geschenkt.
Und du wirst erkennen,
dass du mehr vom Leben erwarten darfst,
als du dachtest.

Und siehe, ich bin mit dir und will dich behüten, wo du hinziehst, und will dich wieder herbringen in dies Land. Denn ich will dich nicht verlassen, bis ich alles tue, was ich dir zugesagt habe.

1. Mose 28,15

Segen – das sind gute Wünsche, Glück, Frieden. Der Segen soll bewirken, was er zusagt: Gutes. Der Sündenfall, Kains Brudermord, die Sintflutgeschichte und der Turmbau zu Babel – was in 1. Mose 2–11 erzählt wird, spiegelt allerdings mehr Fluch als Segen wider. Und am Ende schützt nur ein Gnadenakt Gottes vor der völligen Vernichtung: „Ich will hinfort nicht mehr die Erde verfluchen um der Menschen willen", lautet die Selbstverpflichtung Gottes (1. Mose 8,21f). Ein wirklicher Neuanfang setzt erst mit 1. Mose 12,1-3 ein, dem Segen für Abraham: „Geh aus deinem Vaterland und von deiner Verwandtschaft und aus deines Vaters Hause in ein Land, das ich dir zeigen will. Und ich will dich zu einem großen Volk machen und will dich segnen und dir einen großen Namen machen, und du sollst ein Segen sein."

Neben der Berufung Abrahams und dem Segen Gottes für ihn (1. Mose 12,1-3) gehört die Erzählung, wie sich Jakob den Segen buchstäblich erschleicht, zu den schönsten Segensgeschichten der Bibel (1. Mose 25,19–50,26). Jakob und Esau sind Zwillingsbrüder, Söhne von Isaak und Rebekka. Esau, der Erstgeborene, wird von Jakob um den Erstgeburtssegen durch den Vater gebracht. Jakob ist clever. Erst lässt er sich von Esau das Erstgeborenen-Privileg abtreten – für eine Linsensuppe, die er seinem nach der Arbeit körperlich geschwächten Bruder abtrotzt! Und dann täuscht er den im Sterben liegenden blinden Vater. Die noch intakten Sinne werden trickreich überlistet, etwa indem Jakob Kleidung von Esau anzieht und seine Hände mit Ziegenfell bedeckt, damit seine Behaarung so stark wirkt wie die Esaus. In alledem wird er tatkräftig von seiner Mutter unterstützt. Der Betrug funktioniert. Jakob bekommt den Segen seines Vaters. Der Schwindel fliegt auf, als bereits alles geschehen ist.

Jakob muss fliehen, sonst hätte es womöglich Mord und Totschlag gegeben. Sein Weg führt ihn in die Wüste, wo er die Nacht zubringt: „Und ihm träumte, und siehe, eine Leiter stand auf Erden, die rührte mit der Spitze an den Himmel, und siehe, die Engel Gottes stiegen daran auf und nieder. Und der Herr stand oben darauf und sprach: Ich bin der Herr, der Gott deines Vaters Abraham, und Isaaks Gott; das Land darauf du liegst, will ich dir und deinen Nachkommen geben. Und dein Geschlecht soll werden wie der Staub auf Erden, und du sollst ausgebreitet werden gegen Westen und Osten, Norden und Süden, und durch dich und deine Nachkommen sollen alle Geschlechter auf Erden gesegnet werden. Und siehe, ich bin mit dir und will dich behüten, wo du auch hinziehst, und will dich wieder herbringen in dies Land. Denn ich will dich nicht verlassen, bis ich alles tue, was ich dir zugesagt habe“ (1. Mose 28,12-16). Die Leiter, von der Jakob träumte, ist ein Zeichen dafür, dass die Verbindung zwischen Himmel und Erde nicht abreißt, was auch immer geschieht, wie groß auch immer die Schuld ist, die sich einer aufgeladen hat.

Dann geschieht das schier Unglaubliche: Dem Betrüger verheißt auch noch Gott seinen Segen. Jakob bringt es in der Fremde zu etwas. Er heiratet, kommt sogar zu Wohlstand. Doch sein Glück währt nicht lange. Bald wird der Betrüger selbst der Betrogene sein. Und da ist auch noch der offene Konflikt mit Esau. Vor der Begegnung der beiden Brüder – Esau zieht Jakob mit vierhundert Mann entgegen – kämpft Jakob den Kampf seines Lebens (1. Mose 32,23-33). Er ringt nachts mit einem Mann, wie es in der Erzählung heißt. Keiner kann den anderen besiegen. Jakob trotzt seinem Widersacher ein Segenswort ab. Seine Forderung: „Ich lasse dich nicht, du segnest mich denn.“ Jakob soll fortan den Namen „Israel“ tragen. Und die Stätte, an der er kämpfte, heißt Pnuël, zu Deutsch: Angesicht Gottes – denn er hatte mit Gott gerungen.

Dann folgt das Unvermeidliche: Esau und seine Truppe stehen Jakob und seiner Familie gegenüber. Doch jetzt geschieht das Unerwartete: Esau fällt seinem Bruder um den Hals, sie umarmen sich und weinen. Und sie versöhnen sich!

Gott handelt, wie er zugesagt hat: Jakob darf zurückkehren, wie es der Segen ihm verheißen hatte. Zugleich, das zeigt das Schicksal des Betrügers, muss dieser für die Folgen seines Handelns einstehen. Aber in alledem geht er nicht zugrunde, Gott ist bei ihm und mit ihm. Sein Segen gilt der Person Jakobs, nicht aber seinem Verhalten, seinen Untaten.

Hoffen heißt:
Gedanken der Zuversicht
und des Vertrauens sammeln.
Dadurch entsteht ein Schutzwall,
der der Hoffnungslosigkeit standhält.
Gib negativen Gefühlen keine Heimat.
Lass sie nicht Wurzeln schlagen in deiner Seele
oder Nester bauen in deinem Gemüt.
Sage nicht:
Hätte ich doch.
Sondern:
Ich bin.
Ich werde.
Ich darf.
Ich will.
Ich kann.

Der Mensch verliert seine Lebenskraft,
wenn er nicht weiß, was er will und was er soll.
Mit jeder Aufgabe wachsen ihm Kräfte zu,
die er nicht zu besitzen glaubte.
Mit jeder Herausforderung erreicht er,
was er nicht zu hoffen wagte.
Sorgen sind Gift für das Leben.
Sie sind eine schleichende Bedrohung.
Niemand stirbt an einer einzigen Sorge.
Aber viele kleine Sorgen
zehren deine Kräfte auf.
Ent-sorge dich!

Ohne Zuversicht
ist der Mensch wie ein Haus,
in dem alle Türen und Fenster
fest verschlossen sind.
Manchmal ist die Hoffnung
wie ein Freund,
der den Schlüssel zu deiner Wohnung hat.
Der dich besucht,
macht deiner Einsamkeit ein Ende.
Licht erfüllt den Raum.
Und Wärme.
Zuversicht breitet sich aus.

Die größte Furcht:
Angst vor dem Leben.
Wenn du gestern schon Sorge hattest,
den heutigen Tag zu bestehen,
dann fehlt dir die Kraft für das Heute,
weil dich schon jetzt
die Angst vor dem Morgen verzehrt.
In der Dunkelheit ist die Angst
ein ungebetener Gast.
Und die Ungewissheit.
Was wird kommen?
Wer wird mir helfen?
Wo ist die Stimme, die mir sagt:
„Sei guten Mutes“?

Leben aus der Quelle der Hoffnung:
Aus der Kraft der Zuversichtlichen.
Aus dem Mut der Unerschütterlichen.
Aus dem Glauben der Überzeugten.
Zuversicht ist:
Ausgerüstet sein mit dem Mut,
Situationen auszuhalten, die nicht zu ändern sind.
Es wird nie alles in Erfüllung gehen,
was ich mir wünsche.
Ich hoffe aber,
dass geschieht, was für mich gut ist.
Ich hoffe,
dass ich annehmen kann, was heute passiert.
Ich hoffe,
dass ich Kraft finde, das zu tun, was nur ich tun kann.

In dir liegen Kräfte,
die du nicht kennst.
In dir liegen Kräfte,
die noch nicht geweckt sind.
In dir liegen Kräfte,
die du selbst entdecken musst.
Nur du kannst es tun.
Deine Kraft sinnvoll einsetzen heißt:
Lassen
Loslassen
Überlassen
Zulassen
Entlassen
Verlassen
Weglassen

Elia fürchtete sich, machte sich auf und lief um sein Leben und kam nach Beerscheba in Juda und ließ seinen Diener dort. Er aber ging hin in die Wüste eine Tagereise weit und kam und setzte sich unter einen Wacholder und wünschte sich zu sterben und sprach: Es ist genug, so nimm nun, Herr, meine Seele; ich bin nicht besser als meine Väter. Und er legte sich hin und schlief unter dem Wacholder. Und siehe, ein Engel rührte ihn an und sprach zu ihm: Steh auf und iss! Und er sah sich um, und siehe, zu seinen Häupten lag ein geröstetes Brot und ein Krug mit Wasser. Und als er gegessen und getrunken hatte, legte er sich wieder schlafen. Und der Engel des Herrn kam zum zweiten Mal wieder und rührte ihn an und sprach: Steh auf und iss! Denn du hast einen weiten Weg vor dir. Und er stand auf und aß und trank und ging durch die Kraft der Speise vierzig Tage und vierzig Nächte bis zum Berg Gottes, dem Horeb.

1. Könige 19,3-8

Elia läuft um sein Leben. Gestern noch war er der gefeierte Prophet. Jetzt ist er auf der Flucht vor seinen Feinden. Von einem Tag auf den anderen, von einer Sekunde auf die andere kann sich das Leben verändern. Gnadenlos – so empfinden wir dann nicht selten. Da war einer einflussreich und mächtig – mit einem Mal wird er machtlos und fühlt sich ohnmächtig. Ein anderer steckte voller Ideen – und wird plötzlich ideenlos, wirkt ausgebrannt. Einer liebt seinen Job – und wird arbeitslos. Der Arztbesuch sollte nur ein Routinecheck sein – dann die Diagnose Krebs. Es ist leicht nachvollziehbar, dass Elia denkt, er sei am Ende, und den letzten und einsamsten Zufluchtsort aufsucht – die Wüste –, um dort zu sterben.

Aber: Gott allein ist Herr über Leben und Tod – und er bestimmt allein, wann es Zeit ist. Elias Zeit ist noch nicht abgelaufen – Gott hat noch Pläne mit ihm. Zunächst einmal schickt er ihm einen Boten: einen Engel. Der hat eine ganz einfach Botschaft: „Steh auf!" Und damit Elia wieder zu Kräften kommt, hat er eine kleine Stärkung dabei: Brot und Wasser.

In die Wüste – auch die Wüste meines Lebens – schickt Gott einen Engel. Es gibt viele Orte, an denen es schwerfällt, noch mit Veränderungen zu rechnen, auf das Gute zu hoffen. Der Engel kann viele Gesichter haben – das eines Freundes, einer Freundin, aber auch das eines mir völlig Unbekannten.

Den entscheidenden Satz in dieser Erzählung – „Steh auf und iss!" – kann sich kein Mensch selbst sagen. Wenn die Kräfte verbraucht sind, kann man sich nicht am eigenen Schopf aus der Misere ziehen. Ich muss mir eingestehen, dass ich mit meinen Möglichkeiten am Ende bin. Der Engel, den Gott schickt, macht Mut zum Aufbruch, zu einem Neuanfang. Das klappt oft nicht auf Anhieb. Elia legt sich noch einmal hin, um zu schlafen. Der Engel muss ein zweites Mal kommen. Erst dann ist der Prophet für die nächste Lebensetappe gerüstet. Wohin führt der Weg? Immer zurück ins Leben!

Der Mensch braucht festen Boden unter seinen Füßen.
Wer sicheren Halt hat,
kann seinen Blick ruhig schweifen lassen bis zum Horizont.
Bleib nicht stehen,
aber wähle sorgfältig die Richtung.
Schau zurück,
das Vergangene ist deine Herkunft.
Meide die Extreme,
die Mitte ist ein sicherer Ort.
Halte Kurs,
das bewahrt dich vor dem Absturz.
Geh dem Ziel entgegen,
das für dich bestimmt ist.

Halte inne,
inmitten vieler Fragen,
inmitten vieler Sorgen,
inmitten vieler Ängste,
inmitten deines Lebens –
jeden Tag aufs Neue.
Denn das Wort, das dir Mut macht,
kannst du dir nicht selbst sagen.
Denn die Hoffnung, die dich trägt,
kannst du dir nicht selbst geben.
Denn die Liebe, die dich beflügelt,
muss erst in dir geweckt werden.
Halte inne,
damit all dies geschehen kann.

Dein Leben:
Geborgte Zeit.
Geschenkte Zeit.
Anvertraute Zeit.
Die Zeit lässt sich nicht beherrschen.
Sie macht gefügig, wer sie zwingen will.
Darum sei weise und nimm, was sie dir gibt.
Gehe mit ihr verschwenderisch um.
Lass dich nicht von ihr treiben.
Sei heute für einen anderen Menschen da.
Und du wirst spüren, dass deine Zeit nicht verloren ist.

Die Zeit vergeht, klagt der Mensch.
Verbringe deine Zeit nicht mit Klagen.
Lebe – jetzt.
Am Schnittpunkt von
Vergangenheit,
Gegenwart,
Zukunft,
Ewigkeit.
Denn irgendwann sagt die Zeit:
Der Mensch ist vergangen.
Ehe es zu spät ist:
Wage heute den ersten Schritt.
Reiche die Hand zur Versöhnung.
Damit dich nicht die Frage quält:
Warum habe ich es nicht getan?

Was du hast, ist der Augenblick.
Was vorbei ist, ist vergangen.
Was vor dir liegt, unverfügbar.
Du lebst heute.
Mit der Erinnerung an gestern.
Mit der Sehnsucht nach morgen.
Mit der Hoffnung auf Zukunft.
Lebe im Heute.
Ergreife jeden Augenblick deines Lebens.
Sei ganz du selbst.
Jeder Augenblick ist wie im Brennglas konzentrierte Zeit:
Gebündeltes Leben.
Größtes Geschenk.

Die Freude ist wie ein Netz.
Du kannst dich hineinfallen lassen.
Es reißt nicht.
Es trägt dich.
Aus welcher Höhe du auch fällst.
Gib der Angst keine Macht über dich.
Sie trübt deinen Blick für das Schöne.
Lebe aus der Freude.
Sie gibt dir Kraft für alles, was du tust.
Hoffnung hält die Freude am Leben.
Freude gibt der Hoffnung Nahrung.
Hoffnung ist der Grund der Freude.

Versinken im Augenblick.
Innehalten und aufatmen.
Eintauchen in die Zufriedenheit.
Ablegen, was mich beschwert.
Aufnehmen, was mir fehlt.
Loslassen, was mich bindet.
Aufgeben, was sinnlos ist.
Träumen, was werden soll.
Vergeben, was trennt.
Schweigen, wo Worte fehlen.
Begrenztheit anerkennen.
Aufbrechen mit Gelassenheit.

Nach der Ruhe der Nacht
sieh dem Tag mit einem Lächeln entgegen.
Gib ihm, was er dir abverlangt.
Nimm, was er dir schenken will.
Nutze den Tag.
Genieße ihn.
Und wenn du ihn brauchst,
dann mögest du einen Ruheplatz finden für dich.
Eine Schublade für deine Sorgen.
Einen weiten Himmel für deine Träume.
Ein fröhliches Herz gegen deine Traurigkeit.
Kräftige Hände für deine Aufgaben.
Aufmunternde Worte gegen die Angst.

Erwartungen an jeden neuen Tag:
Nicht unterzugehen in der Hektik des Alltags.
Nicht zu resignieren angesichts des Leidens in der Welt.
Nicht zu übersehen, dass mir Gutes begegnet.
Nicht zu vergessen, was mich glücklich macht.
Alles fügt sich.
Alles erfüllt sich.
Alles reift.
Wenn du Geduld hast,
werden die Felder deines Glücks
eines Tages reichlich Früchte bringen.

Der Herr ist mein Hirte,
mir wird nichts mangeln.
Er weidet mich auf einer grünen Aue
und führet mich zum frischen Wasser.
Er erquicket meine Seele.
Er führet mich auf rechter Straße
um seines Namens willen.
Und ob ich schon wanderte im finstern Tal,
fürchte ich kein Unglück;
denn du bist bei mir,
dein Stecken und Stab trösten mich.
Du bereitest vor mir einen Tisch
im Angesicht meiner Feinde.
Du salbest mein Haupt mit Öl
und schenkest mir voll ein.
Gutes und Barmherzigkeit werden mir folgen
mein Leben lang, und ich werde bleiben
im Hause des Herrn immerdar.

Psalm 23

Der Herr ist für mich da.
Ich habe alles, was ich zum Leben brauche.
Für mich ist Platz, für Essen und Trinken ist gesorgt.
Meine Sorgen sind bei ihm gut aufgehoben.
Meinen Füßen gibt er sicheren Halt.
Es gibt immer einen Ausweg.
Ich bleibe nicht ohne Trost.
Ich bekomme neuen Mut.
Er hält sein Wort.
Er ist für mich da.

Der 23. Psalm ist ein Stück Weltliteratur und keineswegs nur unter Bibelleserinnen und -lesern ein Klassiker. Und er ist es bis heute geblieben, obwohl manche meinen, das Bild sage dem modernen Menschen nichts mehr, da er einen Hirten mit seiner Herde in natura praktisch nicht mehr erlebe. Meine Skepsis hält sich dagegen in sehr engen Grenzen, denn die beiden Bilder – vom Hirten und der Herde sowie vom Festmahl – haben an Strahlkraft über mehr als 2000 Jahre hinweg nichts eingebüßt. Und nur auf den ersten Blick scheint durch die Worte dieses Psalms eine kitschig-idyllische Postkartenromantik durch. Bei genauem Hinsehen und Hinhören zeigt sich die brutale Realität des Lebens mit ihren schlimmen Gefahren. Das genau sind die Situationen, in denen sich der Glaube an den Gott der Bibel bewähren muss und auch bewährt. Hier hat der Glaube seine Alltagstauglichkeit buchstäblich bei Regenwetter unter Beweis zu stellen. Gelingt das nicht, gilt der Praxistest als nicht bestanden. Bei schönem Wetter – oder anders ausgedrückt: wenn es einem gut geht – ist es keine Kunst, an Gott zu glauben.

In Psalm 23 drückt sich das schier bedingungslose Vertrauen zwischen dem Beter und seinem Gott aus. Wie bei Hiob ist Gott derjenige, der beides schenkt: Gutes und Schweres sowie die Zuversicht und die Kraft, beides zu bewältigen. Es ist diese Bedingungslosigkeit, mit der der Beter sein Leben bei Gott geborgen weiß, die seinen Worten Überzeugungskraft verleiht. Nach religiösen Pflichtformeln hört sich dieser Psalm nicht an.

Wer so betet, lebt nicht auf einer Insel der Seligen, sondern ist wie ein Wanderer unterwegs: Da besteht immer wieder die Gefahr, auf Gratwanderungen abzustürzen; da sind mitunter steile Wege zu erklimmen; es gibt Sackgassen und Umwege, ehe das Ziel erreicht ist.

Der Beter bekennt sich zu Gott als seinem Hirten – mag es da auch noch andere geben, die sich in dieser Rolle gefallen bzw. sie sich anmaßen. „Mir wird nichts mangeln" klingt nicht so, als redete hier einer, der im Luxus schwelgt. Er vertraut vielmehr darauf, dass er von Gott alles empfängt, was er zum Leben braucht. Was er braucht, ist stets vorhanden: für Leib und Seele! Doch damit nicht genug: Gott gibt nicht nur, er führt auch. Selbst in Situationen, die mir Angst machen, in denen ich in Gefahr bin. Gott ist immer da. Wie die Luft zum Atmen ist Gott zu spüren. Er tröstet. Nicht in unserem Sinne, wenn damit eigentlich ein Vertrösten gemeint ist. Gott tröstet, indem er die Lage eines Menschen konkret ändert.

Gottes Güte hat kein Ende. Sie kann auch in einem anderen Bild ausgesagt werden, wenn von einem Gastgeber und seinem Gast die Rede ist. Gott bewirtet großzügig. Bei ihm gibt es Schutz, Zuflucht und Lebensfülle, sogar Überfluss. Darauf ist Verlass – lebenslang –, Heimat- und Wohnrecht inklusive.

Meine Zeit steht in deinen Händen.

Psalm 31,16

„Ich geb die Zeit – mach du was draus" – so lautet die etwas eigenwillige Aufschrift auf einer Stundenglocke, die der Besitzer eines Schlosses im Südosten Hannovers gießen ließ. Die Botschaft ist klar: Gott ist der Herr über die Zeit, nicht der Mensch. An Gott soll denken, wer den Schlag dieser und auch anderer Glocken hört. Zeit ist ein kostbares Geschenk, das sinnvoll eingesetzt werden soll.

Gott und Zeit – diese Verbindung ist längst nicht mehr selbstverständlich. „Time is money", „Zeit ist Geld": Davon ist unser Denken weithin bestimmt. Wir leben in einer Zeit, für die nicht nur jeder Tag zählt, sondern in der jede Minute und jede Sekunde Geld einbringen kann – nicht nur bei Geschäften an der Börse. Für viele gibt es kaum Wichtigeres als den Terminkalender. Schon Kinder leiden unter Terminstress, wenn sie die Klavierstunde, den Reitunterricht, Tennis und die Hausaufgaben unter einen Hut bringen sollen. Und erst die Erwachsenen: Wehe, es klappt nicht alles, wie vorher verabredet. Das Leben leicht nehmen – das sieht anders aus.

Zugleich gilt aber auch: Zeit ist eben nicht nur Geld und oft mit Geld gar nicht aufzuwiegen: Wenn sich ein Mensch um einen Kranken kümmert und eine Zeit lang nur für ihn da ist, wenn sich jemand die Zeit für einen Menschen nimmt, der gerade seine Hilfe braucht: Dann ist Zeit Leben.

Einmal in Hektik, setzt sich der Stress fort – auch beim Essen. Fast Food wird dem Bedürfnis nach schneller Nahrungsaufnahme gerecht. Gesund ist das auf Dauer nicht. Wie gut, dass es eine Gegenbewegung gibt: Slow Food. Langsam genießen, mit allen Sinnen – das braucht Zeit und ist eine wunderbare Erfahrung.

Zeit ist auch Gnade. Dabei kommt es nicht auf die Länge an. Menschen können in hohem Alter lebenssatt sterben. Aber sie können auch von dem Gefühl geplagt werden, etwas verpasst zu haben. Sie wollen, sie können dann nicht loslassen. Was uns vielleicht am meisten fehlt, ist Gelassenheit – nicht alles haben zu müssen, lassen können, loslassen. Leichter gesagt als getan, denn jeder hängt an seinem Leben. Andere wiederum sprechen – schon in jungen Jahren – von erfüllter Zeit, nicht nur von einem gefüllten Zeitplanbuch. „Alles hat seine Zeit", lautet das weise Lebensmotto, das uns im Alten Testament begegnet, im Buch des Predigers: Geboren werden und sterben, pflanzen und ausreißen, weinen und lachen, klagen und tanzen, schweigen und reden, Streit und Frieden – alles hat seine Zeit

Das Leben braucht den Rhythmus von Arbeit und freier Zeit, von Anspannung und Entspannung, von Hektik und Ruhe. Wer diese gesunde Balance nicht hält, steht in der Gefahr, dass sein Leben das Gleichgewicht verliert.

Wer dagegen mit der Zeit richtig umzugehen versteht, wird mit dem Beter des 31. Psalms gelassen sprechen können: „Meine Zeit steht in deinen Händen." Der Geber aller Zeit sorgt auch für mich. Und eines Tages wird er fragen: Ich gab dir die Zeit – was hast du daraus gemacht?

Wenn dir heute etwas gelingt, sei glücklich.
Am Ende des Tages sammle, was gut war.
Nimm es in deinen Schlaf.
Erinnere es in deinen Träumen.
Und wache gestärkt auf.
Selbstbewusst und fröhlich.
Wenn dir heute etwas misslungen ist, bleibe gelassen.
Am Ende des Tages gib das Unfertige aus der Hand.
Lass es keine Macht über dich gewinnen.
Deine Träume bewahren dich vor schweren Gedanken.
Und wache zuversichtlich auf.
Selbstbewusst und fröhlich.

Glück haben und glücklich sein –
jeder Mensch sehnt diesen Zustand herbei.
Was ist Glück?
Sich satt essen können?
Einen Job haben?
Ein Dach über dem Kopf?
Wer Glück hat, ist vergnügt.
Vergnügen hat mit genug haben zu tun.
Wer Glück hat, ist zufrieden.
Zufrieden sein heißt: im Frieden leben.
Wer Glück hat, ist gelassen.
Gelassenheit – lassen können.

Den Aufbruch wagen.
Auf Dein Wort hin, Vater im Himmel.
Gegen alle Zweifel.
Gegen die Angst.
Gegen den Augenschein.
Den ersten Schritt gehen.
An Deiner Seite.
Sei mein Begleiter.
Auf geraden Wegen.
Auf kurvenreichen Wegen.
Auf schmalen Wegen.
Auf Umwegen.
Sei mit mir unterwegs.
Bis zum Ziel.

Möge dann und wann
der Himmel über dir aufgehen.
Möge dann und wann
dir eine Last leicht werden.
Möge dann und wann
deine Seele zufrieden sein vor Glück.
Fürchte dich nicht.
Entdecke die Quellen der Kraft.
Verborgene Verheißungen.
Leuchtende Wege.
Unmögliches wird wahr.
Hoffnung siegt.

Werde, was du sein kannst.
Lass dich nicht von der Vergangenheit
einengen.
Lass dich nicht von den Sorgen erdrücken.
Lass dich nicht von deinen Plänen abbringen.
Sei, wer du bist.
Reife mit jedem Tag.
Lache mit jedem Kind.
Hoffe mit jedem Atemzug.
Denn es gibt dich.
So wie du bist.
Unverwechselbar.
Gott hat dich gewollt.

Nur der Hoffnungslose nimmt hin, was ist.
Nur der Ängstliche zieht sich zurück.
Nur der Verbitterte ist immer traurig.
Wer aber Hoffnung hat, kann alles verändern.
Wer furchtlos ist, findet immer einen Weg.
Und wer liebt, lebt immer glücklich.
Danke, Vater, dass ich Dir vertrauen kann.
Danke, dass Du mir zuhörst.
Danke, dass Du mich aufrichtest.
Danke, dass Du mich verstehst.
Danke, dass Du an mich denkst.
Dank, dass Du mich liebst.

Gib deinen Ängsten keine Macht über dich.
Gib deinen Sorgen keinen Raum in dir.
Gib deinen Wünschen Kraft.
Gib deinen Träumen Zeit.
Gib deiner Inspiration Flügel.
Gib deiner Hoffnung ein Ziel.
Möge dir Kraft zuwachsen,
den Neuanfang zu wagen.
Möge dir glücken,
was du tun musst.
Möge dir geschenkt werden,
was du dir erhoffst.

Manche Tage sind schwer zu ertragen.
Stunden, die nicht vergehen.
Sorgen, die den Takt angeben.
Verliere dich nicht an sie.
Ent-sorge dich.
Lebe die Herausforderungen deines Lebens.
Fürchte sie nicht.
Stelle dich ihnen in den Weg.
Erfolg entsteht oft
durch Arbeit an den kleinen Dingen,
Misserfolg durch
Vernachlässigung der kleinen Dinge.

Warten können ist eine Kunst.
Bis Müde Kraft haben.
Bis Sprachlose Worte finden.
Bis Mutlose Selbstvertrauen gewinnen.
Bis Streitende sich versöhnen.
Bis Selbstgerechte einsichtig werden.
Bis Irrende umkehren.
Bis Suchende den Weg finden.
Bis Fremde sich vertrauen.
Bis Unglückliche glücklich werden.
Bis Traurige wieder lachen können.
Bis Verzweifelte Hoffnung schöpfen.
Warten können ist eine Kunst.

Im Herbst Blumenzwiebeln
in der Erde verstecken.
Der Hoffnung ein Gesicht geben.
Im Winter an die Kraft
der Schneeglöckchen glauben.
Der Natur vertrauen – Jahr für Jahr.
Hoffnung säen.
Hoffnung ernten.
Wie in deinem Leben.
Im Gehen geführt werden.
Im Fallen gehalten werden.
Im Hoffen ermutigt werden.
Im Leben geliebt werden.

Den Gedanken ihren Lauf lassen.
Das Glück des Tages erinnern.
Den Erfolg feiern.
Das Unfertige ruhen lassen.
Nichtigkeiten ignorieren.
Freundschaft pflegen.
Den Tag abschließen.
Zur Ruhe kommen.
In den Schlaf gleiten.
Fröhlich entspannen.
Dankbar sein.
Dem kommenden Tag eine Chance geben.

Das Leben, das hinter dir liegt, ist nicht vorüber.
Das Leben, das du lebst, hinterlässt Spuren.
Das Leben, das vor dir liegt, ist ein ungeträumter Traum.
Leben zwischen vergangenem und künftigem Glück.
Ein Leben ohne Schmerz und Entbehrung gibt es aber nicht.
Dass der Himmel dir seine Sterne in den Schoß schüttelt.
Dass die Liebe dir Stunden der Geborgenheit bereitet.
Dass die Farben des Regenbogens für dich leuchten.
Dass der Duft einer Rose dich betört.
Dass das Schnurren einer Katze dich beglückt.
Das wünsche ich dir.

Die Freude am Leben kannst du dir nicht kaufen.
Es gibt sie – umsonst.
Wenn die Blumen blühen.
Wenn die Sonne scheint.
Wenn der Regen kommt.
Wenn die Sterne leuchten.
Das Schönste am Leben ist unverdientes Glück.
Nimm das Leben ernst, aber nicht tragisch.
Auf jede Nacht folgt der Tag.
Auf jeden Regen folgt der Sonnenschein.
Den Lebensmut verliert, wer nur das Negative sieht.

Begreife jeden Tag als Geschenk.
Betrachte ihn als etwas Einmaliges.
Behandle ihn sorgsam.
Genieße jeden Atemzug.
Bedenke das Ende.
Lass das Unwiederbringliche los.
Ich wünsche dir,
dass die Wolken bei Tag den Weg weisen
und die Sterne bei Nacht,
dass der Regen das Land fruchtbar macht,
dass die Sonne dich wärmt,
dass der Regenbogen dich hoffen lässt.

Es gibt im Leben Situationen,
die von dir verlangen,
Pläne aufzugeben,
Ballast abzuwerfen,
Platz zu schaffen,
alles loszulassen,
um frei zu werden für Neues.
Es gibt im Leben Situationen,
die von dir verlangen,
Abschied zu nehmen,
umzukehren,
neu anzufangen.
Sei nicht traurig,
genieße das Glück.

Manchmal fühle ich mich
wie ein Blatt im Wind.
Losgelassen.
Hin und her getrieben.
Ohne Orientierung.
Schwerelos.
Dann wünschte ich mir,
ich könnte mich fallen lassen,
in eine Hand,
die mich auffängt,
die mich schützt,
die mich festhält.

Wer die Zeit mit Sorgen und Klagen füllt,
verschwendet sie.
Jeder Tag hat seine eigene Bürde.
Die Last von morgen gehört in den morgigen Tag.
Wer Vergangenem nachtrauert, lebt im Gestern.
Nutze den Augenblick.
Warte nicht auf einen besseren.
Du verpasst sonst das Wichtigste – dein Leben.
Verschwende es nicht damit,
dass du sagst: Ich sollte.
Tu es einfach.
Jetzt.

Und nun spricht der Herr, der dich geschaffen hat, Jakob, und dich gemacht hat, Israel: Fürchte dich nicht, denn ich habe dich erlöst; ich habe dich bei deinem Namen gerufen; du bist mein!

Jesaja 43,1

Das Volk Israel befindet sich in der Verbannung. Und das schon seit fast fünfzig Jahren. Die Lage ist desolat, die Stimmung trostlos. Massive Klage hatte sich inzwischen gegen Gott erhoben. Der zentrale Vorwurf: Er hat sein Volk wohl vergessen, es praktisch abgeschrieben. In die Verzweiflung der Menschen hinein verkündet der Prophet Jesaja Gottes Wort. Ein Zuspruch ganz besonderer Art. Denn es wird nicht in Aussicht gestellt, dass Gott dies und jenes zur Rettung seines Volkes tun werde. Vielmehr wird die Rettung – gleichwohl noch bevorstehend – bereits als geschehen formuliert: Ich habe dich erlöst. Was du erhoffst, ist bereits geschehen. Fürchte dich nicht – behutsam redet er seinem Volk zu. Niemand kann tiefer fallen als in die Arme Gottes. Keine Angst und keine Not sind Gott fern. Er ist an der Seite seines Volkes. Er hat ihm seinen Namen gegeben und hat es somit unverwechselbar gemacht. Es ist sein Eigentum, und das wird er nicht zu Schaden kommen lassen.

Gott setzt sein Handeln in der Geschichte fort. So wenig sich das Volk Israel selbst erschaffen hat, so wenig konnte es sich aus der Ursituation der Gefangenschaft, der Knechtschaft in Ägypten, befreien. Und so wenig kann es sich selbst erlösen. Gott hat sein Volk einmal befreit. Er wird es wieder tun. Das ist der Grund, sich nicht zu fürchten, sondern sich Gott anzuvertrauen.

Gott erbarmt sich. Er kann gar nicht anders – obwohl sich das Volk von ihm abgewandt hatte und deshalb in die Katastrophe der Verbannung stürzte. Ein sympathischer Gott im wahrsten Sinne des Wortes, ein Gott, der Mitleid empfindet. Gott wendet sich nicht ab.

Lassen sich diese Worte, die an das Volk Israel gerichtet sind, auf uns übertragen? Schließlich ist unsere Situation eine andere. Zugleich gilt aber auch: Wir haben nicht weniger Erlösung nötig. „Fürchte dich nicht“: Dieser Aufruf durchzieht das Alte und das Neue Testament. Zudem gibt es durchaus Entsprechungen. Auch ich fühle mich manchmal wie ein Gefangener – in meinen kleinen und großen Ängsten. Ein aufmunterndes Wort ist dann genau das Richtige. Das Wort der Bibel, das mir klarmacht: Du musst keine Angst haben. Gott ist da, wenn du ihn brauchst.

Der Jesaja-Vers wird oft als Taufspruch gewählt. So wie Gott sein Volk erwählt und erlöst hat, so gilt diese Zusage auch in der Taufe: Ich gehöre zu Gott. Mehr noch: Ich bin sein Eigentum. Und das verpflichtet.

Dankbarkeit
ist die Erinnerung des Herzens.
Sie weiß um das Gute,
das ihr widerfahren ist.
Dankbarkeit
ist die Fähigkeit,
aus den Erfahrungen
der Vergangenheit
ganz in der Gegenwart zu leben.
Dankbarkeit
ist das Gespür,
dass es im Leben Kräfte gibt,
über die ich nicht verfügen kann,
die mir zuwachsen, wenn ich sie brauche.

Nur der Dankbare
lebt zufrieden.
Die Angst um die Zukunft
hat keine Macht über ihn.
Das Haus seines Lebens
baut er auf dem Fundament
der Zuversicht.
Nur der Dankbare
kann auch teilen.
Er weiß, was andere Menschen brauchen.
Nur der Dankbare
ist glücklich.
Er gönnt auch anderen Erfolg.

Jeder Tag ist ein Geschenk:
Gabe und Aufgabe,
Glück und Leid,
Zuversicht und Enttäuschung,
Erfolg und Entbehrung.
Das eine gibt es nie
ohne das andere.
Ich wünsche dir,
dass du wirst wie ein Baum:
tief verwurzelt,
aufgerichtet gen Himmel,
fruchtbringend,
sanft wiegend im Wind.

Ein erfülltes Leben wünsche ich dir.
Nicht, dass alle deine Wünsche in Erfüllung gehen.
Nicht, dass du nur auf gerader Strecke unterwegs bist.
Nicht, dass du Sorgen nicht kennst.
Denn ein erfülltes Leben lebt,
wer die Sehnsucht kennt,
wer die Mühen der Höhe nicht scheut,
wer gelernt hat zu hoffen.
Dankbar darfst du Rückschau halten.
Dankbar noch einmal die Zeiten durchschreiten.
Dankbar sein für das Große und Kleine.
Dankbar auch für die Menschen an deiner Seite.
Dankbar nicht zuletzt für empfangene Güte.
Dankbar für erwiderte Liebe.

Ich wünsche dir,
dass du Ja zu dir sagst –
weil Gott dich liebt.
Dass du auf dich hörst
trotz aller Selbstzweifel –
trotz aller Einreden von außen,
dass du zu dir stehst –
trotz aller Fehler,
dass du lieben kannst,
dass du gelassen bleibst,
dass du deinen Weg gehst.
Ich wünsche dir,
dass du auf dich achtgibst.
dass du dich nicht überforderst.
dass du nicht enttäuscht wirst.
dass du geliebt wirst.

Das wünsche ich dir:
Dass in dein Herz ein Lichtstrahl fällt.
Dass du dir Zeit für dich nimmst.
Dass du anderen Menschen zuhörst.
Dass du mit deinen Freunden lachst.
Dass du dich nicht einsam fühlst,
auch wenn du mal allein bist.
Dass sich dein Blick öffnet für das Leben.
Dass du hast, was du zum Leben brauchst:
Die Kraft, Leiden auszuhalten,
ohne daran zu zerbrechen.
Den Mut, Niederlagen einzugestehen,
ohne deine Ziele aufzugeben.
Die Stärke, Trauer auszuhalten,
ohne an ihr zu ersticken.

Die Zeit ist wie ein großer Acker:
Du ziehst Furchen mit dem Pflug,
säst Samen aus und wartest,
welche Früchte wachsen.
Viele Tage wünsche ich dir,
dass dir Ideen blühen
und deine Pläne aufgehen.
Es möge dir gelingen,
was du vorhast.
Es mögen deine Schritte
immer einen sicheren Grund haben.
Es mögen dir Enttäuschungen
erspart bleiben.
Es möge sich alles
zu deinem Besten entwickeln.

Komm aus deinem Schneckenhaus.
Lass dich locken,
deine Fühler auszustrecken.
Gegen den Augenschein.
Gegen alle Vernunft.
Gegen alle Zweifel.
Nur noch dieses eine Mal.
Nur auf ein Wort.
Nur auf mein Wort.
Verkriechen kannst du dich immer wieder.
Zurückziehen.
Neuen Mut sammeln.

Gott hat uns nicht gegeben den Geist der Furcht,
sondern der Kraft, der Liebe und der Besonnenheit.

2. Timotheus 1,7

Vergewisserung und Ermutigung – immer wieder geht es in den biblischen Texten darum. Paulus hatte dies im Sinn, als er seinen Brief an Timotheus schrieb. Timotheus war ein enger Freund und Mitarbeiter des Paulus. Der Name Timotheus ist zugleich auch Programm: Aus dem Griechischen übersetzt bedeutet er so viel wie „Fürchte Gott!", „Hab Ehrfurcht vor Gott!". Ein Brief an Timotheus ist auch ein Brief an die Gottesfürchtigen, an die ganze Gemeinde. Ein Brief auch an uns.

Als Paulus diesen Brief schrieb, saß er im Gefängnis. Und die Gemeindesituation, in die er hineinsprach, war alles andere als rosig. Die Christinnen und Christen damals waren in ihrem Glauben angefochten, Verfolgungen ausgesetzt, die sie in Angst und Schrecken versetzten, ja Leiden mit sich brachten.

Wie sieht da Ermutigung aus? Paulus sagt nicht: „Reiß dich zusammen, da musst du jetzt eben durch." Solche Durchhalteparolen sind ohnehin wenig überzeugend.

Dieser Brief aus der Gefängniszelle beginnt mit einem Wort des Dankes – an Gott, dass es ihn, den Timotheus, gibt. Unablässig denkt Paulus an ihn. Vor seinem inneren Auge sieht er ihn stehen – aufrecht im Glauben, aufrecht wie schon seine Mutter und seine Großmutter es waren. Kein Wort über die Mühsal des Gefangenendaseins, kein Wort über die Todesangst. Kein Wort über die eigene Situation. Stattdessen als Erstes, Wichtigstes: Komplimente für den Freund. Zum einen die Gewissheit: „Ich bin sicher – wie deine Großmutter und deine Mutter bist auch du glaubensstark." Zum anderen die Erinnerung: „Du bist begabt! Von Gottes Geist beschenkt. Mit Kraft. Mit Liebe. Mit Besonnenheit."

Paulus rät ganz lapidar: „Entfache wieder die Gabe Gottes, die in dir ist." Er sieht, dass der Glaube des Timotheus herunterzubrennen droht. Er droht, dahinzuschwelen wie die Asche, die unter dem verbrannten Holz noch ein wenig weiterglüht und irgendwann ganz aus ist.

Doch er soll wie ein helles Feuer lodern. Also, Timotheus: Gib dem Glauben neue Nahrung, frische Luft, dass sein Feuer wieder entfacht wird, dass es brennt und leuchtet. Lass deinen Glauben lebendig sein! „Entfache die Gabe, die in dir ist."

„Denn", so heißt es gleich im nächsten Satz: „Gott hat uns nicht einen Geist der Verzagtheit gegeben!" Der Geist der Verzagtheit, das ist der Zustand, in dem wir uns befinden, wenn wir eigentlich wissen, was wir machen müssen, dass wir etwas machen müssen, uns aber doch nicht trauen. Etwas derber kann man das entsprechende griechische Wort auch mit „Feigheit“ übersetzen. Dieser Geist der Verzagtheit ist allgegenwärtig. Wir spüren so viele Anforderungen. Wir sehen und hören täglich von all dem, was schiefgeht. Aber es ist nicht nur das, was da draußen ist und uns Angst macht. Manches aus dem persönlichen Bereich, das nicht gelingt, kommt hinzu. Konflikte, die sich nicht lösen lassen. Gestörte Kommunikation, die sich nicht beheben lässt. Da schleicht sich bei vielen das Gefühl ein: Es hat ja doch keinen Wert! Der Geist der Verzagtheit ergreift mit seiner lähmenden Wirkung Besitz von uns. Und dann verschließen wir uns, weil uns der Mut und die Freude abhandengekommen sind. Wozu noch sich engagieren? Wozu noch mit dem anderen reden wollen? Wozu noch glauben? Es ist einfacher, sich treiben zu lassen.

Paulus kennt dieses Verzagen. Aber schon in den ersten Zeilen seines Briefes stellt er das Wichtige klar: Dieser Geist der Verzagtheit – der gehört nicht zu dir! Du, Timotheus, du hast einen anderen Geist! Auf dir ruht Gottes Geist: der Geist der Kraft und der Liebe und der Besonnenheit! Deshalb – und nur deshalb – kannst du standhalten. Du hast Gottes Kraft!

Wie Paulus den Timotheus hier ermutigt, aufrichtet, ist beispielhaft: Er redet von dem, was da ist – nicht davon, was fehlt. Paulus kritisiert nicht das Verzagen und Versagen in allen Einzelheiten. Er sagt schlicht: Die Verzagtheit ist doch eigentlich gar nicht in dir. In dir steckt aufrichtiger Glaube – als Sohn deiner Mutter und Enkel deiner Großmutter kann das gar nicht anders sein! Und in dir steckt Gottes Geist, und das ist alles, was du brauchst. Nämlich: Kraft, Liebe, Besonnenheit.

Das griechische Wort für Kraft heißt „dynamis“. Der Geist Gottes ist also eine Kraft, die treibt, die in Bewegung setzt. Da ist Dynamik drin! Also: Nicht länger wie das Kaninchen auf die Schlange starren.

Neben der Kraft hat Gott uns auch ausgestattet mit Liebe, mit der Fähigkeit zur Hingabe. Die Liebe schont sich nicht, wenn es um die Sache des anderen geht. Standhalten und Mit-Leiden, Sympathie zeigen. So heißt Mitleiden im Griechischen. Das ist es, was wir sollen und können! Es ist Zeit, die Ärmel hochzukrempeln und zu sagen: Ich weiß, ich allein kann die Welt nicht ändern. Aber es gibt Aufgaben, die mich nicht überfordern – in der Familie, im Verein, unter Kolleginnen und Kollegen. Zu ihrer Erfüllung hat uns Gott schließlich mit der Gabe der Besonnenheit ausgestattet. Besonnenheit erst macht Menschen klug.

Manchmal kann das Leben in Scherben liegen.
Alles ist zerbrochen.
Die Freundschaft.
Die Liebe.
Das Vertrauen.
Manchmal lassen sich Scherben wieder zusammenfügen.
Alles wird wieder neu.
Die Freundschaft.
Die Liebe.
Das Vertrauen.
Alles ist wieder heil,
auch wenn die Kittstellen noch sichtbar sind.

Hoffen heißt:
Unglaubliches glauben.
Worte suchen,
die es vielleicht nicht gibt.
Im Unscheinbaren
das Wunder entdecken.
Auf Unterstützung zählen.
Mit Entgegenkommen rechnen.
Warten können.
Vertrauen, dass es weitergeht.
Unbeirrt Wege gehen.
Standhaft bleiben.

Glaube fest daran,
dass aus allem Neues entstehen kann.
Aus Trauer.
Aus Unsicherheit.
Aus Fehlern.
Aus Leiden.
Aus Unglück.
Aus Belastungen.
Aus Schwierigkeiten.
Aus dem Nichts kann etwas werden.
Vertraue darauf.
Neues entsteht bereits,
auch wenn du es nicht siehst.

Vertrauen:
Wort gegen die Angst.
Halt in der Angst.
Brücke über die Angst.
Weg aus der Angst.
Vertrauen heißt:
Nicht ich richte mich auf,
sondern ich werde aufgerichtet.
Nicht ich habe Mut,
sondern ich werde ermutigt.
Nicht ich führe,
sondern ich werde geführt.
Nicht ich halte,
sondern ich werde gehalten.
Vertrauen ist weniger ein Tun,
sondern vielmehr ein Lassen.

Vertrauen ist der Mut,
vielleicht,
dennoch,
aber,
trotzdem,
noch einmal
zu sagen.

Geduld.
Mir ist sie nicht gegeben.
Nötig wäre sie.
Auszuhalten.
Innezuhalten.
Still zu werden.
Zuzulassen.
Abzuwarten.
Wachsen zu lassen.
Zuzuhören.
Nachzudenken.
Anzunehmen.
Geduld zu haben.

Manchmal ist es wichtig,
das auszusprechen, was dich bedrängt,
dem Furchtbaren einen Namen zu geben,
es ans Tageslicht zu zerren
und von allen Seiten zu betrachten.
Du wirst spüren:
Wenn es gesagt ist,
verliert das Schreckliche
seine Macht über dich.
Du wirst spüren:
Wenn es gesagt ist,
ist plötzlich auch Hoffnung da.

Sorgen sind unerfüllte Erwartungen an die Zukunft.
Verbring dein Leben nicht damit,
immer nur an später zu denken.
Die Sorge um das, was kommen wird,
beansprucht deine ganze Kraft.
Dieser Tag zerrinnt in deinen Händen.
Und aufgebraucht ist deine Kraft für morgen.
Du lebst heute.
Du lebst jetzt.
Jetzt ist der wichtigste Zeitpunkt.
Die Zukunft beansprucht dich noch früh genug.
Gib ihr nicht zu früh Macht über dich.

Jeder Mensch braucht einen festen Halt.
Er kann sich selbst aber nicht festhalten.
Was ihm Halt gibt, liegt nicht in ihm.
Jeder Mensch braucht Selbstvertrauen.
Er kann sich aber nicht immer selbst vertrauen.
Was ihn vertrauen lässt, liegt nicht in ihm.
Vertrauen möge einziehen,
wo Misstrauen wohnt.
Hoffnung möge sich ausbreiten,
wo Ohnmacht herrscht.
Liebe möge wachsen,
wo Hass wurzelt.
Freude möge blühen,
wo Trauer lähmt.
Glaube möge entstehen,
wo Zweifel nisten.

Den Aufbruch wagen.
Den sicheren Standpunkt aufgeben.
Ausgetretene Wege verlassen.
Eine neue Richtung einschlagen,
in eine ungewisse Zukunft,
in der nur gewiss ist,
dass auch dort ein Weg für dich ist.
Den Aufbruch wagen,
nur auf ein Wort hin,
im Vertrauen darauf,
dass du geführt wirst
auf einen Weg,
den du gehen kannst.

Mutlosigkeit ist das gefährlichste Gift.
Schleichend kann man
daran zugrundegehen.
Gib dich nicht auf,
auch wenn alles aussichtslos scheint.
Lass dich nicht einschüchtern,
auch wenn andere stärker sind als du.
Lass dich nicht unterkriegen,
auch wenn du machtlos bist.
Lass dich nicht in die Verzweiflung treiben,
auch wenn du keine Hoffnung hast.
Verlier nicht den Mut,
denn du bist nicht allein.

Einer ist da,
dem ich nicht gleichgültig bin.
Einer ist da,
der für mich Zeit hat.
Einer ist da,
der mir Mut macht.
Einer ist da,
der mir die Richtung weist.
Einer ist da,
der die Zuversicht in mir wachsen lässt.
Einer ist da,
der dafür sorgt, dass sich meine Schritte
durch die Welt nicht verlieren.
Gott ist da.

In Sorgenzeiten:
Schreib einen Brief.
Ruf einen Freund an.
Begib dich unter Menschen.
Sprich ein Gebet.
Lerne zu lachen.
Hör auf die Stille.
Ringe um dein Glück.
Träume deine Zukunft.
Gehe sorgsam mit dir um.
Tu etwas nur für dich.
Bleibe gelassen.

Warten können.
Als ob ich Zeit hätte.
Wer nur nach Abkürzungen sucht,
kürzt sein Leben ab.
Ernten kann nur,
wer dem Reifen Zeit lässt.
Leben kann nur,
wer auch andere respektiert.
Freund sein kann nur,
wer ein offenes Ohr hat.
Lieben kann nur,
wer bereit ist,
sein Glück zu teilen.
Hoffen kann nur,
wer glaubt, dass seine Sehnsucht
ans Ziel kommt.

Mögest du in dunklen Nächten
stets einen Funken Hoffnung haben,
dass über deinen Sorgen und Ängsten
ein Licht aufgeht.
Dieses Licht bedeutet nicht,
dass es keine Nacht mehr gibt,
sondern dass du trotz aller Finsternis
dem Licht des Lebens nahe bist.
Jedes noch so kleine Licht
möge dir so viel Kraft und Wärme schenken,
dass du die dunklen Stunden überstehst.
In der Mitte der Nacht
sei voller Zuversicht:
Ein neuer Tag beginnt.

Jeder Mensch lebt von Träumen,
die ihm sagen, dass alles anders werden kann.
Jeder Mensch braucht Glauben,
der die Hoffnung in ihm weckt,
dass es mehr gibt, als er sehen kann.
Jeder Mensch braucht Zuversicht,
dass er auf seinem Weg nicht allein ist.
Jeder Mensch braucht Ermutigung,
die ihn Neues wagen lässt.
Folge dem Stern.
Gegen alle Zweifel.
Gegen alle Angst.
Gegen alle Widerstände.
Dem Ziel entgegengehen
Im Glauben, der stark macht.
In der Hoffnung, die Kräfte weckt.
In der Liebe, die alles trägt.

Dankbarkeit ist die Einsicht,
dass mein Leben
durch und durch Geschenk ist.
Geliehene Zeit.
Gabe.
Aufgabe.
Um Menschen glücklich zu machen.
Dankbarkeit verwandelt die Erinnerung
in große Freude.
Sie führt mir meine Grenzen vor Augen.
Sie hält den Gedanken an das Gute wach.
Das Scheitern behält nicht das letzte Wort.
Denn Gott sorgt für mich.

Viele Dinge im Leben
kann man nicht mit Geld bezahlen.
Nicht mit Geschenken.
Nicht mit vielen Worten.
Nur mit einem: Danke.
Dankbarkeit ist die Erkenntnis,
dass im Leben
nichts selbstverständlich ist.
Was ich bin,
bin ich nicht aus mir selbst.
Ich empfange mehr,
als ich geben kann.
Ich lebe von dem Vertrauen,
das andere mir entgegenbringen.

Heute will ich glücklich sein.
Denn heute ist der Tag,
an dem ich sein will,
wie ich sonst nicht bin:
Gelassen.
Freundlich.
Fröhlich.
Mutig.
Selbstbewusst.
Ich denke nicht an morgen.
Wer weiß, was kommt?
Heute will ich glücklich sein.
Denn heute ist mein Tag.

Es ist die Hoffnung,
die dich trägt,
es ist die Zuversicht,
die dich führt,
es ist der Glaube an Gott,
der dich leitet.
Deine Zukunft liegt vor dir.

Dieser Tag –
ein Geschenk für dich.
Vor dir liegt
Liebe,
Schönes,
Großes,
Einzigartiges –
eben das Leben.
Geh deinen Weg:
Dankbar,
fröhlich,
gelassen,
in der Zuversicht,
dass deine Schritte
dem Ziel entgegengehen,
das Gott für dich bestimmt hat.

Der neue Tag:
Wie ein unbeschriebenes Blatt
sieht er dich an.
Mut machendes Angebot
für die vor dir liegenden Stunden.
Du darfst beginnen.
Alles kann gelingen.
Lass dich darauf ein.
Nimm alle Kraft zusammen.
Und du wirst spüren,
wie der neue Tag
zu einer unvergleichlichen Seite
deines Lebens werden wird.

Gott segne deinen Weg.
Er gebe dir einen klaren Blick,
dass du sicheren Boden unter den Füßen findest.
Er gebe dir Zeit zum Ausruhen,
wenn du neue Kraft brauchst.
Er gebe dir Mut zum Weitergehen,
wenn du unentschlossen bist.
Er gebe dir Klarheit über die Richtung,
wenn du an eine Wegkreuzung gelangst.
Er gebe dir ein aufmerksames Herz,
dass du stets seinen Geboten folgst.
Gott segne deinen Weg.

Lobe den Herrn, meine Seele,
und was in mir ist, seinen heiligen Namen!
Lobe den Herrn, meine Seele, und vergiss nicht,
was er dir Gutes getan hat:
der dir alle deine Sünde vergibt
und heilet alle deine Gebrechen,
der dein Leben vom Verderben erlöst,
der dich krönet mit Gnade und Barmherzigkeit,
der deinen Mund fröhlich macht
und du wieder jung wirst wie ein Adler.
Der Herr schafft Gerechtigkeit und Recht allen,
die Unrecht leiden.

Er hat seine Wege Mose wissen lassen,
die Kinder Israel sein Tun.
Barmherzig und gnädig ist der Herr,
geduldig und von großer Güte.
Er wird nicht für immer hadern
noch ewig zornig bleiben.
Er handelt nicht mit uns nach unsern Sünden
und vergilt uns nicht nach unsrer Missetat.
Denn so hoch der Himmel über der Erde ist,
lässt er seine Gnade walten über denen,
die ihn fürchten. So fern der Morgen ist vom Abend,
lässt er unsre Übertretungen von uns sein.
Wie sich ein Vater über Kinder erbarmt,

so erbarmt sich der Herr über die,
die ihn fürchten. Denn er weiß,
was für ein Gebilde wir sind;
er gedenkt daran, dass wir Staub sind.
Ein Mensch ist in seinem Leben wie Gras,
er blüht wie eine Blume auf dem Felde;
wenn der Wind darübergeht,
so ist sie nimmer da,
und ihre Stätte kennet sie nicht mehr.
Die Gnade aber des Herrn währt
von Ewigkeit zu Ewigkeit über denen,
die ihn fürchten, und seine Gerechtigkeit
auf Kindeskind bei denen, die seinen Bund halten
und gedenken an seine Gebote,
dass sie danach tun.

Der Herr hat seinen Thron im Himmel errichtet,
und sein Reich herrscht über alles.
Lobet den Herrn, ihr seine Engel,
ihr starken Helden, die ihr seinen Befehl ausrichtet,
dass man höre auf die Stimme seines Wortes!
Lobet den Herrn, alle seine Heerscharen,
seine Diener, die ihr seinen Willen tut!
Lobet den Herrn, alle seine Werke,
an allen Orten seiner Herrschaft!
Lobe den Herrn, meine Seele!

Psalm 103

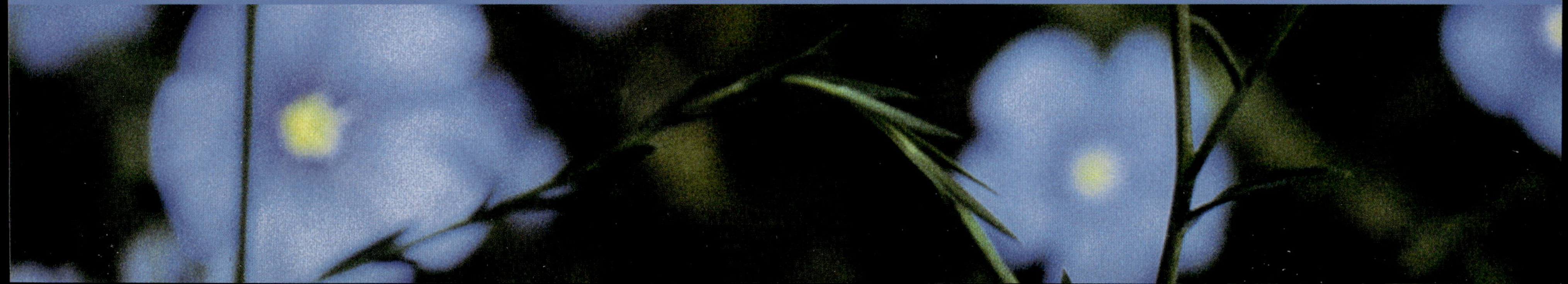

Die Sprachkraft des 103. Psalms beeindruckt. Der Hymnus enthält Vers für Vers eine Dynamik, der sich wohl kaum jemand entziehen kann. Der Aufruf zum Lobpreis Gottes hat einen Grund: Der Psalmbeter nimmt vergebene Schuld und die Heilung zum Anlass für diesen überschwänglichen Jubel. Und er fordert sich selbst auf, das Erlebte nur ja nicht zu vergessen, sich aber vor allem daran zu erinnern, dass er dies allein Gott verdankt.

Der Beter dieses Psalms dürfte sich mit seinem Verhalten wohl von den meisten Menschen seiner und unserer Zeit unterscheiden. Wenn es mir gut geht, wozu brauche ich dann Gott? Wenn es mir schlecht geht, dann ist seine Hilfe natürlich hochwillkommen. Geht es mir wieder gut – dann war es vielleicht gar nicht so schlimm. Oder: Habe ich mich nicht toll aus dieser Situation befreit?! Es geht auch ohne Gott. Wirklich?

Ein Politiker sagte einmal auf die Frage, warum er bei seiner Vereidigung im Deutschen Bundestag nicht „Ja, mit Gottes Hilfe“ geantwortet habe: „Ich habe in meinem Leben noch nie die Hilfe Gottes erfahren.“ Wirklich nicht?

Das Psalmwort ist eine Aufforderung wider die Vergesslichkeit. Und gegen die weitverbreitete Mentalität, erst einmal über alles zu klagen. Wofür soll ich danken? Wer nach den großen Ereignissen in seinem Leben fragt, wird möglicherweise seinem Gedächtnis auf die Sprünge helfen müssen. Aber Anlässe, dankbar zu sein, gibt es viele: z. B. dass ich morgens aufwache, dass ich mich satt essen kann. Und im Vergleich zu vielen Menschen in anderen Teilen dieser Welt, die unter Krieg, Vertreibung, Hunger- und Wetterkatastrophen schwer zu leiden haben, geht es uns in Deutschland gut. Der Glaubende führt sein individuelles Wohlergehen auf Gott zurück. Der Psalmbeter verharrt jedoch nicht in dieser Perspektive. Er wählt den großen – auch historischen – Zusammenhang. Die ganze Heilsgeschichte kommt in den Blick – von Mose und der Befreiung des Volkes Israel aus der Gefangenschaft in Ägypten bis auf den heutigen Tag. Die Erfahrung des Guten bilanziert der Psalm auch mit den Worten: „Barmherzig und gnädig ist der Herr, geduldig und von großer Güte.“ So ist Gott. Ganz persönlich spürbar. Und zugleich ist der Einzelne eingebettet in die Weltgeschichte. An ihr ist Gottes Gnade ablesbar. Natürlich auch sein Zorn. Doch der währt nur für kurze Zeit. Er ist nicht nachtragend. Sein Erbarmen hat viel mehr Gewicht. Wer Gott fürchtet und nach seinen Geboten lebt, der wird dies spüren.

Allerdings: Gott zwingt niemandem sein Handeln auf. Jeder ist frei, sich zu entscheiden. Die Entscheidung Gottes aber steht schon fest. Psalm 103 betont, dass sie an Bedingungen geknüpft ist, wie etwa die Einhaltung der von ihm gesetzten Spielregeln. Das ist ernst zu nehmen. Zugleich gilt die Vertrags- oder Bundestreue Gottes, um es in diesen Bildern auszusagen, unabhängig von unserem Verhalten. Denn Gott hat sich zuerst gebunden – unauflöslich. Gottes Treue lässt sich durch keine menschliche Leistung erkaufen. Sie ist Geschenk. Und bleibt es. Sie ist für den Menschen ohne Alternative. Gott trägt uns – er erträgt uns.

Alle eure Sorge werft auf ihn; denn er sorgt für euch.

1. Petrus 5,7

Ja, es gibt Sorgen. Da ist gar nichts zu leugnen oder schönzureden. Und jetzt? Ich werde aufgefordert, Gott zur Zielscheibe meiner Sorgen zu machen. Aber: Wie wirft man nach Gott mit seinen Sorgen? Nun, zum Beispiel mit einem Gebet, das mit seiner Macht rechnet. Mir wird nicht versprochen, dass mein Leben sorgenfrei sein und Gott schon alles erledigen wird. Aber es wird versprochen, dass Gott wenigstens dafür sorgt, dass ich einen sicheren Stand habe. Martin Luther schreibt: „Wer aber dieses Werfen nicht lernt, der muss bleiben ein verworfener, zerworfener, unterworfener, ausgeworfener, abgeworfener, umgeworfener Mensch." Einer, mit dem geworfen wird, ein Spielball. Wem es also gelingt, seine Sorgen Gott hinzuwerfen, der kann alles andere – auch sich selbst – leicht(er) nehmen.